ESPÍRITU DE AMOR

ESPÍRITU DE AMOR

LYNNE BERGHORN

CITI OF
BOOKS

CITIOFBOOKS, INC.
3736 Eubank NE Suite A1
Albuquerque, NM 87111-3579
www.citiofbooks.com
Línea directa:: 1 (877) 389-2759
Fax: 1 (505) 930-7244

Información para pedidos:

Ventas por cantidad. Se ofrecen descuentos especiales por compras de gran cantidad a empresas, asociaciones y otros. Para más detalles, póngase en contacto con el editor en la dirección anterior.

Impreso en los Estados Unidos de América.

ISBN-13:   Tapa blanda   979-8-89391-718-5
             eBook   979-8-89391-719-2

Número de control de la Biblioteca del Congreso:

Índice

BAILANDO CON DIOS

Hoy bailé con Dios.

¡Es un bailarín maravilloso!

Con las manos tocándose,

moviéndose y balanceándose,

¡no perdimos el ritmo!

Mientras bailábamos,

recé.

Mis manos temblaban,

y más que guiarme,

Dios me estaba amando.

Juntos hicimos

un baile o una alabanza.

CÍRCULO MÁGICO

Pensamientos y secretos,

heridas y problemas,

risas y estornudos,

incluso abrazos y apretones,

recuerdos y sentimientos cálidos

vuestros regalos para mí,

tesoros que siempre guardaré.

Notas y dibujos.

Me habéis hecho sentir importante

queridos niños,

con vuestra amabilidad

y cariñosos gestos.

Recordad siempre vuestra magia

escuchando y hablando

enviando amor

a todo el círculo.

¡Nunca os olvidaré!

TU ESPEJO

Mírame

y ve

tu amor

en flor.

Lo hago tan bien

con palabras amables.

Tú ves

mi precioso regalo

de confianza,

y me aprecias.

No soy frágil,

porque cuando abro

nuestra belleza clara,

LA FUERZA

llegará a nuestra creación.

LA VERDAD,

El agua que nos hace crecer.

Tus mejores pensamientos y palabras reflejan,

estoy dispuesto a ser tu espejo.

DESPERTAR

La manta blanca yacía tranquila

e imperturbable hasta donde alcanzaba la vista.

"Ven y acuéstate a mi lado", invita.

Una manta suave en la que acurrucarse.

Su ligereza y belleza me atraen

a dormir como una cierva bajo un cielo en movimiento.

Olvidando el frío, me envuelvo

en los brazos de la nieve.

Soñando con la paz, los cielos se abren

y me acogen.

Desde allí contemplo,

durmiendo con el amor de Dios en su rostro.

"Despierta,

es hora de que corras y juegues".

SUEÑOS

La bonita flauta en la niebla de la armonía lúdica

despertó fantasías de criaturas del bosque,

enamoradas y jugando en la suave brisa de verano.

Un anuncio hecho a bombo y platillo

indicaba la llegada del príncipe.

Un silencio cayó sobre el bosque,

y a través de un prado cubierto de hierba,

cabalgaba el príncipe sobre su corcel negro.

Sentado con majestuosidad, pero con el corazón solitario,

su búsqueda de una novia sin cumplir:

"¿Dónde está ella, la que amaré?

¿Aquella que me hace feliz?"

¿Acaso sus días los pasaría solo

Realizando los dones de Dios en su creación?

El tempo se aceleró y señaló un cambio.

Dedos juguetones bailaban sobre las teclas del piano,

y la imaginación le proporcionó la mujer de sus sueños.

La dulce armonía melódica con las cuerdas

creó un ambiente romántico.

La gloria de la naturaleza,

la fantasía de las criaturas del bosque,

el amor del príncipe y la misteriosa dama,

proporcionada por un compositor desconocido para mí,

sueños místicos e impresionistas de un día de invierno.

EL DÍA QUE FUI JULIETA

Pintaste mis paredes

con una pluma

ámbar quemado para siempre.

Yo era Julieta aquel día

leyendo a Longfellow

en las escaleras alfombradas.

Tu sonrisa

calentó mi espalda,

te detuviste

y dijiste "preciosa",

tal y como

me sentía.

Me permitiste

ser romántica

mientras trabajabas.

LAS BAILARINAS

Un día, una chica guapa

que cojeaba terriblemente,

estaba jugando en su jardín.

Después de bailar,

se sentó un rato y se preguntó

como solía hacer a menudo,

lo encantadora que podría ser

si pudiera bailar sin cojear.

Era una niña encantadora

gentil y amable,

pero tenía una voluntad inquebrantable.

Mucha gente decía que era una niña testaruda,

y por eso, cuando se miraba al espejo,

no estaba segura de quién era.

Sin saber que él la había estado observando durante varios
días,

vio a un joven en su jardín.

Era extraño ver su rostro,

con ese aire tan familiar.

Era como ver su rostro masculino.

Era bailarín y le reflejaba

otra imagen de sí misma.

Él extendió su mano,

y juntos comenzaron a moverse por el jardín.

Al principio lentamente, y luego cada vez más rápido...

Hasta que se movían con suavidad... Ella bailaba

como nunca antes lo había hecho.

Él le lanzó un beso y se despidió.

A menudo soñaba con aquel día mágico.

¡Había cambiado tanto!

Ahora sabía quién era,

¡una bailarina!

Juntos le habían mostrado a los demás un nuevo espejo.

Girasoles

Los girasoles bailan

en un estanque resplandeciente como un diamante.

El cálido aliento del sol

nutre su crecimiento.

Realzados por el otro,

la imagen es más bonita

como dos.

PEQUEÑO DIENTE DE LEÓN

Bonito diente de león

amarillo dorado.

¿Quién dijo que eras

una mala hierba?

Siempre te vi

como una flor,

y te recogí

para mi madre

después del colegio.

MERCI, MON ADIEU

Padre Celestial

Estrella más brillante del cielo,

gracias por el valor

y por llevarme tan lejos.

Gracias por la esperanza,

y la promesa del mañana.

Ayúdame a detener los temblores

mientras tiemblo ante los cambios.

Ayúdame a seguir caminando

por tu camino de amorosa salud.

Gracias por la caridad

y la visión de Tu verdad.

Gracias por la caridad

y la amabilidad de nuevos amigos.

Ayúdame a ser tu instrumento,

y hablar con amor y verdad.

LA CANCIÓN DE DIOS

Las flores, todas hermosas

susurran como una caricia

cantan suavemente

un himno para mí.

El trueno retumba

un rayo cae

el cielo espera

tu sueño.

Canción de cuna, dulce ángel

no llores

no hay carga demasiado grande

de llevar.

El tiempo de dudar

es pasado, mi niña,

sigue adelante,

no te detengas.

En poco tiempo,

las campanas sonarán.

Oirás mi canción,

la alegría que trae.

LA OVEJA PERDIDA

Debemos esforzarnos

para encontrar a la oveja perdida.

Debemos ofrecer amistad

a pesar de los errores del pasado.

El miedo a caer bajo la influencia

de la oveja perdida

debe ser menor que el conocimiento

de que el amor puede traerla de vuelta al redil.

Todos tenemos una misión,

y esa misión es hacer la obra de Dios .

Las interpretaciones que la gente hace de tu trabajo

no pueden alterar tu camino.

Con la oración, tu camino se aclarará.

Dios te mostrará la mejor manera de cumplir Su voluntad.

No hay "escoria de la sociedad",

solo hay personas

que luchan, algunas perdidas, otras vacilantes, otras claras.

Aquellos de vosotros

que hoy tenéis las ideas claras,

tended una mano a aquellos de nosotros que estamos tropezando.

con vuestra mano amorosa,

nos llega la oportunidad de sanar,

y tender nuestra mano a otra persona.

PARQUE ZOOLÓGICO DE SAN DIEGO

Lirios, plantas de hielo, orquídeas por todas partes,

y árboles de colores, morados, naranjas y azules,

cubrían el suelo junto a los senderos.

Monos, leopardos, leones y cebras

los rinocerontes bebés nos encantaron.

Dando vueltas en un monorraíl.

animales libres para vagar

una vasta extensión de tierra y árboles

para su ocio y sus juegos

haciendo lo que les apetece.

Nos enseñaron a deshacernos de nuestros coches.

En su entorno natural

Estos animales eran muy felices.

Fue realmente un placer ver

el parque zoológico de San Diego.

TODO A SU TIEMPO

Todo a su tiempo

evolucionando lentamente,

no te apresures a responder.

Todo a su tiempo

cuando estemos listos

para escuchar y seguir adelante.

Todo a su debido tiempo

como sabemos

la imagen se aclara.

Todo a su debido tiempo

con la oración

el espíritu sana.

Todo a su debido tiempo

nos acercaremos

a la Verdad.

Todo a su tiempo

La luz brillará.

EL MAGO Y ATENEA

El mago se situó sobre la olla

removiendo el líquido oscuro que fluía,

Mientras Atenea observaba desde arriba.

Mirando dentro del caldero,

las vidas de las personas luchaban por salir.

Arrebatadas de las calles,

mientras buscaban oro

engañados por el mago,

fueron arrojadas al caldero.

Esto enfureció a Atenea,

el pueblo sometido al poder del mago.

Así que se le apareció:

"¡Escucha ahora! Préstame atención".

Y de inmediato le transmitió

la sabiduría de sus años:

"Nadie está sometido a ti ni a nadie aquí.

Aunque busquen oro,

sus vidas no te pertenecen.

Deben seguir su propio camino".

Y así, el mago y Atenea estuvieron de acuerdo,

y rociaron el caldero con polvos mágicos.

Poco a poco, el arroyo se elevó y desapareció.

El líquido se enfrió y se volvió de un verde suave

y un encantador rosa, las vidas liberadas

para encontrar la belleza en las flores.

ESCAPÓ

Noche turbia, brumosa, pantanosa,

luces y ruido en la lejanía,

los bares en la distancia

apestaban a alcohol y humo.

Junto al muelle,

ella estaba de pie con un abrigo largo,

Con la capucha cubriéndole el rostro.

Preocupada y asustada,

deseaba escapar de la multitud obscena.

Sin darse cuenta de su ausencia,

ellos continuaban bebiendo y maldiciendo.

Anhelaba y deseaba ver la luz de un barco.

A lo lejos apareció una luz,

y el barco llegó silenciosamente a la orilla.

Dentro de la pequeña canoa había un hombre,

ella lo supo de alguna manera.

Un instante de reconocimiento cruzó

por sus corazones y sus rostros.

Sin decir palabra, ella se subió al bote.

Él remó en silencio alejándose.

Ella escapó de la suciedad.

Desaparecieron en la niebla.

Nunca sabremos qué pasó,

pero rescatada de la degeneración,

ella había escapado sana y salva.

UN MAR

Como un mar

los límites desaparecen.

Te miro

Y siento que soy yo.

¿Qué significa

este eclipse de la realidad?

Una fusión,

una unidad

difícil de discernir.

Nuestra separación,

una experiencia

que causa dudas.

Una entrada

en un reino desconocido.

Una mezcla

entre tú y yo

como un mar.

"ELECCIONES"

La acostaste

en la cama.

La cubriste

con colores primarios.

Le dijiste:

"Confía en mí ".

Su amor era evidente,

ella mostró vulnerabilidad.

Tú le tendiste la mano,

le ofreciste un barco.

Tu símbolo de transferencia,

un viaje compartido implícito.

Rojo, amarillo, azul

confiando en ti.

Ella yacía en la cama

enamorada.

TOCAR

Buenos días,

¡cucú!,

¿estás ahí?

Ella levantó la cabeza de la almohada,

y vio el rostro sonriente

de su pequeño niño maravilloso.

Una sonrisa iluminó su rostro

mientras le lanzaba un beso,

y él cerró silenciosamente la puerta entreabierta.

Ella se estiró...

volviendo su cuerpo desnudo hacia el cálido

y fuerte de su marido, que dormía a su lado.

Se recostó sobre él

cálida, grabando sus miembros

con la fuerza que él le transmitía.

Sus dedos se movían suavemente

contra su piel

indicando su placer.

Ella se sentía feliz,

Un hijo hermoso, un marido fuerte,

¡Que esto nunca cambiaría!

Recordaría esta mañana

y utilizaría este recuerdo para acallar las dudas

cuando volvieran a aparecer.

¿Qué podría ser más saludable

que el amor y la seguridad

que sentía en su familia?

UNO

Calma mi inquietud,

calma mi ansiedad,

déjame sentir Tu amor.

Déjame conocer Tu fuerza,

permite tu entrada,

disfrutar de tu paz.

Las respuestas vendrán

si te permito hablar.

Dame la fe.

Permíteme sentir tu presencia.

Déjame sentir la confianza

de tu amor.

CONFLICTO

Una imagen divertida no se me va de la cabeza.

Una imagen de conflicto que he inventado.

Imagina esto, si quieres:

una cocina llena de platos sucios.

En un taburete en el centro

se sienta una chica, devota pero vestida de forma muy juguetona.

Un sujetador de satén rojo, bragas de seda negra,

en sus manos, un rosario.

¡Nos dicen que es bastante inapropiado!

¿Quién es esta chica?

Una imagen conflictiva

... me han dicho ...

PERDIDO

Vagaba entre la niebla,

había oído su voz llamándola suavemente,

Pero eso fue hace mucho tiempo.

¿En qué dirección debía ir?

Charcos y escombros cubrían el camino,

se hundía en el barro maloliente,

si no avanzaba con cuidado.

¿Era posible salir de ese laberinto

sin la ayuda de su amiga?

Totalmente perdida, luchando contra la derrota,

avanzaba a tientas en la niebla,

pero ¿por qué él no respondía a sus gritos de ayuda?

¿Estaba perdido y solo,

muerto de miedo por demostrar que no sabía más que ella?

Comenzó a caer una niebla,

y con ella llegó algo de claridad.

Ella era la líder, no él.

Encontrar el camino dependía de ella,

él estaba más perdido que ella.

DEJAR IR

Tocar, tocar, tocar

¡Qué tontería no tocar!

Si eres capaz

y puedes bailar.

¿Tienes miedo

de arriesgarte?

Si la música

es tu campo elegido,

sonatas, conciertos,

deberías ceder,

una risita aquí,

una risita allá,

para correr y esconderte.

¿Una manta cálida?

Sed valientes, queridos amigos,

al sonido de la trompeta.

Raspad esa pintura,

la belleza florece,

la imagen de la pena crea.

Tocar, tocar, tocar,

¡qué tontería no tocar!

LA MARIONETA

Soy tu marioneta,

mueve mis hilos,

soy tu arcilla

haz lo que te plazca.

Siempre, para siempre

seré feliz

mientras me toques

y tires de todos mis hilos.

Puedo hacer música,

puedo hacer bailar,

puedo traer alegría,

belleza, romance.

Así que, por favor,

ten paciencia y

cortaré las ataduras

tanto para ti como para mí.

INSPIRACIÓN

El dramático trazo del pincel del artista,

pasión roja sobre el lienzo,

como Brahms anunció grandilocuentemente

el comienzo de su primer concierto para piano.

Conduciendo a una fusion llena de suspense entre misterio y romance,

el artista aplicó pinceladas de color de su paleta,

para reunir fuerza e imaginación

de los dones de otro,

un artista secreto que conoce bien.

A medida que la música se suavizaba y se acallaba,

como si desde una gran distancia

aparecieron azules y verdes en el lienzo

añadiendo un efecto refrescante y retrocediendo.

A medida que la música bailaba, los colores se salpicaban con un efecto tipo Seurat.

La lujuria se combinaba con una suave mística

dándole a la pintura un aspecto de romance contemporáneo.

Guiado por la música y dirigido por su talento,

el artista creó una obra maestra para Dios y para el hombre.

ABRAZANDO UN DESEO

Me aferro

con todas mis fuerzas

escuchando

los latidos de tu corazón.

Nos mantenemos

como uno

aferrados, sin querer

soltarnos.

Oigo tu vida

pasar a mí.

Me mantengo más erguido

gracias a ti.

Me atrevo

donde solo

soñaba

que podría llegar.

Conocerte

me dio valor,

e hizo que los sueños

se hicieran realidad.

Tu presencia

es dulzura.

Tu silencio,

un vacío que llenar.

AMANECER

Nubes de color gris carbón

crearon misterio en el cielo.

Rayos de rosa escarlata

descansaban contra el horizonte matutino.

Los charcos llenaban los campos de juego

y el Little Miami se desbordó.

Focos de luz alineados

en el Beechmont Levy.

Él pintó este hermoso cuadro

y te pido con gratitud

que pueda transmitírtelo

que recuerda el pasado de Turner.

LA CLASE DEL DOCENTE

El murmullo de los chismes y las charlas

estimulado por el arte y la materia,

luces brillantes en el auditorio

las damas de pie en su propia euforia.

Observando de nuevo, formando una impresión,

mi pluma anota pensamientos, notas, descripciones

para garabatear un dibujo con imaginación y diversión,

las palabras dirán lo que he hecho.

Da Vinci, Signorelli, Botticelli,

pintores famosos hacen creer

Mirar, amar, cuentan una historia,

hermosas pinturas que hechizan.

Para mí, experimentar el arte es una emoción.

Desde el pincel del artista hasta mi corazón, ya ves.

Una experiencia vicaria que nos llega a todos

queridos pintores y escritores, ¡una llamada maravillosa!

.

CORNEJOS

Bonitos cornejos

blancos y rosados,

alegrándome el camino al trabajo

conduciendo por el parque,

la primavera baila

sintiéndome como una alondra.

Las estaciones bendicen la belleza con belleza.

Cornejos, lirios, narcisos,

abre los ojos.

Disfruta de las vistas,

¡la primavera está aquí!

Bonitos cornejos

rosas y blancos.

FRESAS

Era tan alto

aquella mañana

mientras caminaba

hacia la puerta mosquitera.

lentamente, con determinación

lleno de emoción,

dulcemente preparamos

el desayuno

y comimos fresas

bajo el sol.

LA VELA

La vela parpadea esperanza

proyectando sombras en la pared del dormitorio.

El sutil aroma añadía sensualidad,

y los pájaros cantaban en las primeras horas

del amanecer de las cinco.

La quietud, salvo por el canto de la naturaleza,

permitió que los pensamientos

y la alabanza llenase su mente

con la libertad de escribir.

Sin molestar a nadie,

se sentó sola en su cama

componiendo.

La vela parpadea con esperanza.

El aroma perfumado de la vela,

un regalo de mi querida amiga Meta,

la presencia de un alma gemela

tocando el papel.

El canto de los pájaros,

la oscuridad del amanecer,

no sola, se sentía conectada

con la naturaleza y sus amigos mientras escribía.

Pintando un hermoso cuadro, sonrió,

apagó la luz y observó.

La vela parpadea con esperanza.

LA ENVOLTURA DE LA TIERRA

Los dedos secos, rojos y crujientes

soplan a lo largo de las suaves y blancas trenzas del envoltorio
de la Tierra.

Pequeños dedos soplados por el viento,

jugando y entreteniendo a este espectador.

Algunos dedos aún están unidos a los árboles de corteza
negra.

Las campanas de viento cantan,

y los dedos luchan por liberarse,

y jugar con las trenzas blancas.

Rojo, blanco, negro,

la música de las campanas de viento,

¿Quién dijo

"Un día gris y aburrido"?

¡Seguro que está muerto!

Una imagen

Empapada, la nieve se derritió

mientras el sol brillante sonreía.

Sobre la brillante cubierta,

las sombras proyectadas por los árboles

creaban un gris carbón.

Imprimiendo la pelusa que se derretía lentamente

con una imagen tan hermosa que complacía.

Preciosos carámbanos derretidos

brillaban intensamente en el resplandor,

envueltos alrededor de las ramas

derritiéndose rápidamente mientras hablo.

Todo esto describo,

como un exquisito regalo envuelto,

un tesoro de bendición por descubrir.

EL METRO DE NUEVA YORK

Señales del metro, lenguaje obsceno,

comprender significados

ella luchó y luchó.

Una mirada suya percibida,

proyectó sombras sobre sus malas acciones.

Sobrevivió, con algunas cicatrices.

Ellos se sintieron avergonzados y se dieron la vuelta.

Para siempre, su culpa los disuadió.

EL VAQUERO

A través de las amplias llanuras

del accidentado Oeste,

cabalga un vaquero solitario

levantando polvo a su paso.

En plena forma,

cabalga con soltura,

hábil y relajado.

Su destino

no está en mi observación.

Robusto, caballero vaquero,

¿dónde vas?

ESPÍRITUS

Era mágico,

la noche, el aire,

el hermoso vestido,

la música y el baile.

Esta noche era la noche

ella sabía

que lo conocería

con quien había soñado durante años.

Esta noche vería su rostro,

sentiría su abrazo

y bailaría hasta el amanecer.

La expectación y la esperanza

llenaban sus ojos y su corazón,

mientras escudriñaba entre la multitud,

buscando a su hombre misterioso.

muchos le pidieron bailar,

y ella giró por la pista,

pero la magia no estaba allí.

Se estaba haciendo tarde

y su esperanza comenzaba a desvanecerse.

Caminó hacia el jardín,

abatida y triste.

Fijó la mirada en el lago.

la luna brillaba,

las luces y las estrellas proyectaban diamantes

sobre la superficie cristalina y tranquila del agua.

¿Se cumpliría su sueño en la Tierra?

"Disculpa", dijo él.

"¿Puedo quedarme un rato contigo?"

Ella volvió la mirada y vio su otro rostro.

Sus espíritus se encontraron

aquella noche gloriosa y hermosa.

AMANECER

Cuando el sol comenzó a salir,

brillantes rayos rosas y púrpuras surcan el cielo.

dirijo mis ojos somnolientos hacia la luz

y doy gracias al Señor con una oración.

A través de los campos, el Little Miami se desbordó,

y parece un lago.

Los verdes de Lunken se han convertido en charcos de hielo.

Nuestro árbol pintado por Britton,

fiferente en cada estación,

pero siempre fuerte, asimétrico en su diseño.

Es una vista preciosa sobre la que posar mi mirada

cada mañana al amanecer.

ZARABANDA

El amiguismo en las artes,

música, poesía, mimo,

influencias favorables

mejor que el político.

El salón de un artista

para compartir la riqueza

mezclar creatividad,

un centro, una luz que da paso.

Para tocar la fibra sensible,

inspirar a otros,

escuchar y animar

el día de Isa ZARABANDA.

SURF CORPORAL

Una sensación de alivio la invadió

como la ola rompiendo en el océano.

Preparándose para el embate,

el agua se precipitó

y con éxito,

ella se enfrentó a la ola.

¡Maravilloso, qué bien se sintió!

Estaba lista para otra.

Porque por fin lo había conseguido.

No fue tan difícil.

Había aprendido a dejarlo ir.

Ahora podía dejarse llevar

en el mar agitado de la vida.

EN MANOS DE DIOS

Los rayos del sol, el sol baña

a través del prado cubierto de rocío

prado amarillo

Los cielos pintan

después de la lluvia

un bonito halo de color

Las bolas caen

mientras los niños traen

juegos y diversión

Los hijos de la Tierra

corren y juegan

actúan y dicen

Gloria sea

por toda la tierra

en la mano de Dios.

FLEUR

Je suis unef leur

riena peur

sujétame, querida,

a tu je donne

lo mejor que je fais

tout le monde

respondez

tu est l'on

TIERRA

Soy la TIERRA,

vasta y fuerte,

sobre esta tierra

siembra tus semillas.

Nutre y crece,

con el tiempo, yo cosecharé

y enviaré tu conocimiento

al mundo.

MI SUEÑO DE TULIPANES

Hace meses tuve un sueño

de tulipanes de colores vivos

bajo el sol en un campo.

Entonces comenzó a caer una suave lluvia,

un bonito golpeteo sobre sus preciosos pétalos.

Rojos, amarillos, naranjas y escarlatas,

atraían tu admiración.

"Por favor, no me cojas", dirían,

y se encogían ante tu suspiro, si de verdad

pensaras en hacerlo.

"Déjanos estar. No estamos aquí para que nos tengas, sino
solo para que nos veas.

Estamos aquí para nuestro Creador, para darle gloria".

Y lo mismo ocurre con nosotros.

No estamos aquí por nuestro hermano o hermana,

sino para glorificar y honrar a nuestro Padre.

Y si esto es lo que hacemos, entonces sí,

nuestros hermanos y hermanas también se beneficiarán.

Pero no por ellos ni por nosotros

debemos hacer lo que hacemos,

solo por Dios estamos en esta Tierra.

BUSCANDO

Encontraré consuelo en tus palabras.

Encontraré consuelo en Tu amor.

Encontraré conocimiento en mi búsqueda de la verdad.

El sueño permitirá que lleguen las lluvias purificadoras,

y mañana me despertaré renovado y tranquilo

para comenzar un día de amor esperanzador.

Para hablar con una expresión similar, tal vez

solo con los libros de las estanterías.

Un alma gemela, la mía me ha pasado de largo.

Adiós, querido espíritu, dondequiera que vayas,

te estaré agradecido por los sueños

que hice realidad en mí.

TAMBORES DIFERENTES

Cautivante, obligatorio,

destino sin elección,

atracción magnética

¡Oh, qué maravilla!

Tómatelo con calma,

Tómatelo con calma,

Nadie sabe,

nadie sabe.

Con calma,

despleguemos

las hermosas flores

para contemplar.

Corazones cantantes

Pensamientos persistentes

Adelante, va,

¡la marcha bendecida por Dios!

Percepciones

Puntas de pie, susurros,

cuentos divertidos

¿Lo hizo o no lo hizo?

Gritos pecaminosos,

ingenuidad o astucia,

hundirse o nadar,

como van los barcos,

cuestionando la locura.

Mentiras mágicas,

habilidades creativas,

un regalo de lo alto.

Cómo se ve,

mi espectador lo sabe,

está en mi voluntad,

él me ayudó a cumplirla.

EL ZORRO

Era astuto y sagaz,

silencioso pero vigilante,

alerta ante el peligro,

consciente de ocultar

sus motivaciones.

Crecer en las calles

le había quemado el alma.

La desconfianza era tan persistente

como su búsqueda del amor,

pero ¿cómo podían coexistir

cuando uno anulaba al otro.

¿Podría el amor conquistar a este astuto zorro?

¿Podría creer que otra

podría amarlo por lo que era,

y no albergara ambiciones secretas?

Hasta que él comenzó a abrirse,

el zorro cauteloso seguiría siendo

escurridizo, una criatura solitaria

en un mar de desconfianza.

CONEXIONES

Luces centelleantes, parpadeantes, intermitentes

por toda la tierra en la noche,

aviones, faros, trenes y estrellas,

toda la actividad en la lejanía.

Mientras nos sentamos en nuestros hogares

tranquilos y contentos,

a menudo me pregunto qué está pasando

en las luces de la noche.

Tantas historias, tantas vidas

de interés y preocupación.

Besidea, amigo, brinda, amigo,

su rostro tal vez sea esa luz.

Para conectar y ver

la luz en mí,

y yo en ti,

este vínculo se creará.

Y juntos, por toda la Tierra,

crearemos estrellas centelleantes.

HIMNO A DIOS

Las suaves melodías

en mis poemas expresan

el pensamiento que deseo

compartir contigo,

los secretos de mi corazón.

Cada día me siento y escucho

y rezo para inspirarme

para escuchar las cosas

que necesito saber,

que me iluminen,

y disminuir mis miedos.

Mi pluma, como si fuera un dictado,

toma el mensaje que transmites

para mí y para los demás

para ayudar en el camino de la vida.

Pero ¿quién escuchará este mensaje

aparte de mí, me pregunto?

¿Es mi destino

transmitir la música de la poesía?

De esto sé muy poco,

así que en tus manos

pongo mi confianza,

y mis poemas caerán del cielo

donde Tú creas que deben caer.

ROCÍO SONETO DE SAN VALENTÍN

Como el rocío

quiero

besarte.

Como uno

quiero

abrazarte.

Tus palabras

como terciopelo,

Tu caricia

¡Qué dulce imaginación!

Quizás una mirada

de ti transmite

tus opiniones

¡Por favor, muéstralas!

NOCHES EN LA CIUDAD DE NAPA

La multitud se reúne,

la gente se arremolina

bajo el cielo teñido de escarlata.

El sonido de la música

llena el aire festivo,

el crepúsculo de California.

Niños riendo,

los perros corren

en la brisa del atardecer.

Los adultos se relajan, descansan

en la víspera del viernes.

Noches de ciudad junto al río,

celebran el concierto.

Una comunidad unida en el Parque de los Veteranos.

Crepúsculo californiano,

noches en la ciudad de Napa.

ENTREGA PRECIOSA

"Recuerdos de una alegría duradera"

Limusinas, chóferes,

globos rosas y azules,

¿Una inauguración? ¡No, una entrega!

¡Una entrega muy especial!

De Corea a San Francisco

¡un pequeño paquete de alegría!

A través de la Childrens Home Society,

presenté a un bebé,

¡a unos felices padres adoptivos!

¡Compartieron su regalo conmigo!

Un saludo, un saludo de adopción,

las estrellas brillan

alrededor de ese pedazo de vida.

Caminando por el vestíbulo

sosteniendo a ese dulce bebé

contra mi pecho,

¡Sentí que formaba parte de un día increíble!

Acompañante de adopciones internacionales,

sociedad del hogar infantil;

¡Un recuerdo maravilloso y emocionante!

CONFIANZA

Habiendo abierto mi corazón

a tu amor redentor,

Cada día amanece con esperanza

y la expectativa de un viaje

de promesas y sorpresas.

Mi alma se siente tranquila

mientras mis ojos contemplan las muchas bellezas

y los regalos que me rodean.

La ansiedad por el cambio

se calma al confiar en Ti.

Ponernos en tus manos

simplifica y mejora todas las cosas.

Cuando trabajas a través de nosotros,

nuestras vidas se vuelven satisfactorias,

¡y nuestro sueño más profundo!

TÚ, MI AMOR INCONMOVIBLE

Bésame con ternura,

cántame con el viento,

mírame en la azulura,

¡bendíceme de nuevo!

Me deslumbras con belleza,

me abrazas con amor.

Me guías con sabiduría,

¡me colmas de estrellas!

Padre misericordioso,

Padre de Gracia,

espero

tu dulce abrazo.

Confiando en ti, me rindo,

¡alcanzando tus brazos!

Dios, nuestro Creador,

nuestro Salvador, mi Amigo.

TÚ

Espero que te reúnas

Tú eres mi sueño,

amor,

te amo,

Eres mi Dios.

Sé que tú

estás aquí.

Estás ahí.

Eres mi mundo.

Te he visto por todas partes.

¡Silencio! Susurro,

no debo molestarte.

DESAFÍOS

Hoy he dado un paseo por la orilla del río.

En la oscuridad de la madrugada.

El sol aún no había salido.

Mi Pastor caminaba a mi lado.

El río estaba lleno.

Corría rápido, en silencio,

realzado por las tenues estrellas,

y los barcos amarrados en el pantano.

El viento soplaba con fuerza.

Había sido un paseo corto

para llegar a este lugar encantador,

y secar las lágrimas.

¿Debo poner fin a mi destino?

Los retos de la enfermedad bipolar.

¡Mi madre y

mis hermanas están tan lejos!

¡Mi dulce mamá ya no es mi confidente!

La enfermedad de Alzheimer, la demencia

está destruyendo a la madre

que una vez conocí.

Y entonces vi

un grupo de ángeles.

Sentí que me abrazaban.

¡Hay más trabajo por hacer!

Todo irá bien. Debes confiar,

tu mamá se dormirá.

Estará en el cielo.

¡Y tú seguirás adelante!

Los ángeles desaparecieron.

El sol había salido.

Me fui a casa,

y volví a dormirme.

INSPIRACIÓN

El dramático trazo del pincel del artista

emite rojo por todo el lienzo.

Escuchando cómo Brahms anuncia grandiosamente

su primer concierto para piano.

El artista se ve llevado a una apasionada

fusión de misterio y armonía.

Pincelando el color de su paleta,

imagina un cuadro

que el compositor le ayuda a pintar.

A medida que la música se suaviza y susurra,

aparecen azules y verdes en el lienzo.

Mientras la música baila, los colores se salpican

en el puntillismo de Seurat.

La lujuria se combina con una suave mística,

dando a la pintura una sensación de

romance contemporáneo.

Guiado por la inspiración,

el artista crea una obra maestra

para Dios y para el hombre.

Y DIOS DIJO "¡SÍ!"

Y Dios dijo "¡Sí!".

Y sonrió.

La luna naranja brillaba

contra el cielo negro.

Mientras bolas de luz se alineaban en la autopista

a medida que pasaban los coches.

En el interior, cenaban conscientes

de la bendición que presenciaban:

La afirmación en la Creación.

Cada día, cada momento,

un regalo que hay que aprovechar.

¿Buscas una respuesta?

Observa el mundo que te rodea.

Las señales llegan

solicitadas a través de la oración.

Son ignoradas por los infieles,

comprendidas por aquellos que buscan.

¿Imaginadas? ¡No lo creo!

Déjate llevar, el flujo de la gracia

nunca cesará.

Y Dios sonrió.

LAS MANOS DE UNA MADRE

Pequeñas manos suaves,

las manos de mi madre,

cálidas y tiernas,

me tocan con amor.

Suavemente toma

mi mano entre las suyas.

En silencio, me tranquiliza

con una caricia.

Después de una diatriba,

después de mis lágrimas,

mi mano en la suya

recibe un apretón.

Madre, querida madre,

con tus manos

demuéstrame

cuánto te preocupas.

Ahora, cuando mi hijo

viene a mí,

le cojo la mano

con tu caricia.

Pequeñas manos suaves

a través de generaciones transmiten amor.

AMOR SOLAR

Estrellas de mar, arena soleada y brillante

agua turquesa,

bronceado caribeño,

velas de colores,

huellas mojadas,

cuevas recónditas,

aseguran el placer

de los recién casados.

AGUANTA

"Aguanta un poco más,

tu mamá llegará pronto!"

Me arrodillo con ternura sosteniendo

al niño herido en la calle.

El conductor se queda atrás,

horrorizado por lo que ha hecho.

El cálido líquido dorado que había tragado

para conseguir un brillo, se había convertido en bilis;

¡un veneno que ahora aborrece!

Una copa de más, un niño roto

lo convierte en piedra.

"Por favor, Dios, ¿dónde está la madre?", implora.

"Deja que el niño se levante", reza.

"Aguanta un poco más,

tu mamá pronto estará aquí".

NUESTROS HIJOS

Estamos aquí para protegerlos, para guiarlos

por el difícil camino de la vida.

No son nuestros,

son de Dios.

Solo están con nosotros.

Nuestros hijos nos observan.

cuida tu lenguaje,

actúa con modestia y amabilidad.

Disciplina con amabilidad,

nunca golpees a un niño.

Las palabras feas hieren la vida.

Es con amor como mejor aprenden.

Comenzar cada día con una oración de agradecimiento

ayuda a nuestro humor y nuestra paciencia.

Con amor, nuestros hijos regresan al hogar de Dios.

ESPERANZAS Y SUEÑOS

Colores brillantes

Tonos sutiles

El despertar del cielo

La despedida del sol

Musgo resplandeciente

Guijarros brillantes

Playas arenosas

Las olas rompiendo

Ladridos de perros

Gritos de niños

Sonidos de música

Relajantes, risas

Cada día

Invita de nuevo

Esperanzas y sueños

Que pueden hacerse realidad

DESCUBRIMIENTO

Como un sueño, ella evoluciona

para convertise en la mujer que quiere ser.

En el amor, prospera.

Su papel cambia como el hombre que ama.

Un caleidoscopio de emociones y colores

su apariencia y sus intereses cambian,

dando lugar a nuevas habilidades.

Con confianza, se deja llevar.

En el amor descubre

una nueva dimensión.

Se estira y crece.

El suyo es un viaje hacia el autodescubrimiento.

DÍAS DE SAN VALENTÍN

Ven a jugar conmigo.

Tómate el día libre,

disfruta del sol, o

disfruta de la lluvia.

Iremos al parque,

veremos la belleza

del cielo.

Frotaremos nuestras narices,

sentiremos la punta de nuestras lenguas.

Con besitos.

Nos daremos la mano, montaremos en bicicleta,

quizás, terminaremos el día

sudados.

Con el corazón acelerado,

sin aliento

déjame pasar tiempo contigo.

Nos merecemos recuerdos

de días de amor y San Valentín.

LA BODA

La catedral es celestial.

Los rayos del sol atraviesan las vidrieras.

Alto y majestuoso, espera en el altar,

su príncipe de mil años.

Radiante, ella se desliza por el pasillo.

La larga cola de encaje ralentiza sus pasos;

un sueño... una visión...

¿Quizás un ensueño?

Su amor la guía.

Sus ojos la atraen

más cerca, más cerca de su lado.

Ella es su hermosa y encantada novia.

Al llegar al altar,

se colocan uno al lado del otro.

Bajo la vidriera,

ante Dios y todos, dicen:

"Somos marido y mujer".

SIN TÍTULO

A medida que se esforzaba por alcanzar su potencial,

se volvió como cristal,

afilada, delicada, pero lista para romperse.

De alguna manera, no permitió

el crecimiento de la enfermedad a la salud.

El éxito la aterrorizaba.

La incertidumbre la llevó a

luchar por el control.

Luchó contra el defecto.

Como un violín, necesitaba un virtuoso.

Debía entregar el arco al Maestro.

Sería tocada con habilidad.

Preocuparse la retrasaría.

Con confianza y amor,

ella escucharía su música.

CARTAS DE AMOR

Querido Debussy:

Tu "Reverie" me transporta

a días de sueños

y dulces fantasías,

árboles de mimosa rosados,

ballets y romance.

Al escucharte

me arriesgo con valentía.

Satie,

Tus "Gymnopédies" me acarician la espalda,

me comprimen la frente,

calman mi tensión,

me duerme por un rato.

Con puntas de pie y susurros,

me dices con delicadeza

cuánto te preocupas.

Beethoven,

la sinfonía Pastoral,

¡qué fantasía tan lúdica!

Beethoven, querido Beethoven,

¡eres el maestro de todos los estados de ánimo!

ROSA

Rosa, rosa, rosa,

Tus espinas punzantes violaron mi cuerpo.

Me marcaste las piernas, los brazos.

Tu embriagadora fragancia me envolvió.

Por un breve instante,

te sostuve en mi mano.

Sentí un amor tierno y dulce.

Tus suaves pétalos rojos

tocaron mi corazón.

Durante esos momentos tan preciados,

mis ojos no vieron

las cicatrices que habías dejado.

ADIÓS, DULCE ROSA

Adiós, dulce rosa.

Tu fragancia llena el aire.

Estás tan cerca, pero la valla invisible

amenaza con darme una descarga si me acerco demasiado.

¡Qué desgraciado me siento!

Necesito el terciopelo de tus pétalos.

Aunque nunca, ni en mil años,

¡te arrancaría del suelo!

El desafío es inmenso

sobrevivir sin proximidad.

A tu delicada sensibilidad.

¿Quién levantó la valla?

Mi corazón y mi mente claman por estar más cerca

a ti, hermosa rosa viviente.

Crees de forma independiente,

Dando belleza al mundo que te rodea.

Dulce y encantadora rosa, tú sola en la arena.

ROYAL ASCOT

Girando mi caleidoscopio,

los recuerdos juegan

como notas de una melodía

Royal Ascot en junio.

Mi querida Audrey,

mi bella dama,

me gustas,

fue un déjà vu.

Agradables sombrillas jugando al cucú-tras,

bandadas florales coqueteando

sombreros de copa, bombines,

¡oh, qué trajes de mañana tan británicos!

Una carrera, un pícnic para una reina

Ascot, Windsor, ¡una escena de moda!

Los jinetes desfilan con sus sedas azules y rojas,

Hacemos apuestas con los apostadores.

Acentos, vestidos, caballos, las apuestas,

bollos, mermelada de fresa, nata espesa,

brindis amistosos con champán burbujeante,

¡Oh, mirad, ahí está la reina madre!

Con un gesto elegante,

su dulce sonrisa nos saluda.

Mi pluma imprime

el brillo del día.

Mi caleidoscopio gira,

una obra romántica,

un ensueño inglés,

un recuerdo dorado.

CANCIÓN Y GUERRA

Los coros cantaban

fuera de la ventana de mi dormitorio.

Una letanía de voces vecinas

me deseaban lo mejor.

La Guerra del Golfo Pérsico

desgarró mi mente y mi corazón.

Las violentas escenas de la invasión

me amenazaban.

Ya no podía contener mis pensamientos.

Era prisionero de la irrealidad.

Me sumergí en el confort del agua,

desconectándome de los terrores que me acechaban.

+

El agua cálida me envolvía.

Dejé que mi cabeza flotara.

Me concentré en mi cabello,

como algas marinas, me distrajo.

Con creciente preocupación,

mi marido me observaba.

Se quedó a mi lado,

incapaz de tocarme.

En busca de seguridad,

mi mente trajo amigos.

Un coro de vecinos cantaba

fuera de la ventana de mi dormitorio.

CERCANÍA

Abrázame fuerte

¡no me dejes ir!

Guíame, Padre,

¡con tu palabra!

Busco tu rostro,

necesito tu toque.

¡Te alabo, Dios!

¡Acepto tus dones!

TALL STACKS

Como burbujas de champán,

multitudes de gente sonriente

toman fotos de

Tall Stacks "95".

Elegantes barcos de la época de Mark Twain

flotan en el río Ohio

en un colorido desfile.

Traen nuestro pasado al presente.

Enormes embarcaciones flotantes

con muchos niveles adornados con cintas

llevan nombres majestuosos:

Delta Queen, Belle of Louisville.

En las cubiertas

hay multitudes de personas

agitando banderas

rojas, blancas y azules.

A lo largo del muro serpenteante

jóvenes y mayores observaban.

Sus mentes grabaron la escena,

rojo otoñal, dorado y verde.

Bajo el sol, el río brilla

y encanta a la gente

como diamantes, Cincinnati,

ciudad reina, ¡es un orgulloso día de octubre!

EL VIGILANTE NOCTURNO

Ella sintió un dolor mortal,

pero ¿de quién era?

Alguien iba a morir,

al menos eso era lo que ella sentía.

Merodeó por la casa

buscando el mal que acechaba a su familia.

Todos dormían plácidamente.

Pero ella solo podía descansar.

Vivía con miedo,

y se hacía cada vez más pequeña.

EL PÁJARO DE LA SRA. REILLY

Varias veces al día

un pajarito visita a la Sra. Reilly.

Se posa en el alféizar de su ventana,

hoy agita sus alas y dice: "Hola".

Es el pájaro de la Sra. Reilly:

Un dulce "Hola" cantado

varias veces al día.

Mejor aún porque es libre.

Libre para volar, libre para quedarse lejos,

sin embargo, cada día viene,

canta "Hola".

La sonrisa de la señora Reilly le da la bienvenida.

Tumbada en su cama,

ella gira la cabeza.

Ella dice: "Está aquí".

Un pajarito, el pajarito de la señora Reilly.

CASCADAS

Mientras el agua brillante

cae en cascada sobre las rocas,

se forman hermosas cascadas.

Bajo la deslumbrante luz del sol

dejo que mis preocupaciones y cuidados

desaparecen de mis hombros.

Veo su insignificancia

mientras contemplo la belleza

la grandiosidad de la naturaleza.

Siento la mano amorosa y cuidadosa de Dios

y amorosa mano de Dios en juego.

Solo tengo que pedírselo.

Y nunca llevaré

mis cargas solo.

SUEÑOS

La bonita flauta en la niebla de una armonía lúdica

despertó fantasías de criaturas del bosque,

enamoradas y jugando en una suave brisa de verano.

Un anuncio soplado por los cuernos

anunciaba la llegada del Príncipe.

Un silencio cayó sobre el bosque,

y a través de la pradera cubierta de hierba,

cabalgaba el príncipe sobre su corcel negro.

Sentado con majestuosidad, pero con el corazón solitario,

su búsqueda de una esposa no había dado fruto,

"¿Dónde está ella, a quien amaré,

aquella que me hace feliz?"

¿Iba a pasar sus días solo

dedicándose a ejercer sus dones en la creación de Dios?

El tempo se aceleró y señaló un cambio.

Dedos juguetones bailaban sobre las teclas de un piano,

y la imaginación le proporcionó la mujer de sus sueños.

La dulce armonía melódica de las cuerdas

creó un ambiente romántico.

La gloria de la naturaleza,

la fantasía de las criaturas del bosque,

el amor del príncipe y la misteriosa dama,

proporcionada por un compositor desconocido para mí,

sueños místicos e impresionistas del día de un escritor.

EN ALGÚN LUGAR

En algún lugar, en algún sitio,

¡te encontraré!

Mi corazón te busca,

mi mente te anhela.

Eres mi refugio,

¡eres mi fuerza!

Amarte

me traerá alegría,

¡Un pedazo de paz eterna!

¡Estás ahí con tu bastón,

para rescatarme

de la ansiedad!

En algún lugar,

¡te encontraré!

GUERRA

Si aquí debe haber guerra,

dispara una flecha de bondad.

Si tiene que haber guerra,

llena tus cañones con comprensión.

Si tiene que haber guerra,

ármate con conocimiento.

Si tiene que haber guerra,

lanza bombas de amor

CELOS

Los celos cortan las venas de la vida.

Busca aislar

y vive con miedo.

Teme perder

aquello que dice

amar más.

Los celos ahogan el crecimiento

y mata el amor.

ESTRELLAS

Estrellas celestiales

En un cielo negro

Centelleando su aliento.

"Bien hecho", dicen,

"Hoy lo has hecho bien.

No mires atrás,

¡mira hacia arriba!

Nosotros te guiaremos con nuestro brillo".

Brillan por separado,

proyectando su resplandor, sin unirse a otro.

Hermosos juntos, centellean bajo

la luna llena y gloriosa.

JARDÍN DE CORALES AZULES

Colores espectaculares que se mueven:

Naranja iridiscente,

púrpura y tinta,

amarillo y verde.

Las aletas cantan, mientras alrededor del jardín,

nadan.

Peces pequeños, peces cardenal, peces cirujanos y otros impresionantes

y espectaculares colores llenan nuestra visión.

83

TIEMPO

La serenidad de la tranquila tarde,

experimentada por una necesaria siesta,

nos envuelve en la seguridad amorosa

de Tu amor eterno.

Los días pasan, los años transcurren,

y nos preguntamos dónde se ha ido el tiempo.

Ayer mismo éramos jóvenes,

y hoy los dolores y las molestias nos recuerdan nuestra edad.

¿Somos realmente viejos?, nos preguntamos.

No, gritamos. Nuestros corazones

dan más amor que ayer.

Los niños pequeños nos abrazan; ¡la juventud está con
nosotros!

Cada día, cada estación,

¡una razón para dar gracias!

ACCIÓN DE GRACIAS

Dios abrió las puertas robustas,

y envió a decenas de ángeles

para proteger a sus hijos de los codiciosos.

El lado comercial de la temporada de Papá Noel.

Cientos de luces blancas brillantes

envuelven maravillosamente a sus ángeles

disfrazados como árboles resplandecientes

que bordeaban alegremente la avenida Michigan.

Nadie sospechaba que los bonitos arbolitos,

ricamente decorados para las fiestas navideñas

eran guardianes angelicales, brillantes y centelleantes

que nos protegían de la codicia del diablo.

En una tranquila víspera de Acción de Gracias,

uno podía pasear por las calles y soñar,

imaginando con creciente asombro

la promesa del día de Navidad.

Pero el día siguiente a Acción de Gracias

anunciaba una nueva clase de compradores.

Empujaban hacia adelante compitiendo

para ahorrar un dólar y conseguir la mejor oferta.

Los compradores que deambulaban se sentían apresurados.

La fantasía se había perdido sin duda.

Los pequeños tesoros se volvieron difíciles de encontrar.

Los pensamientos creativos quedaron relegados.

Para el salvador, Monet se llevó a los soñadores.

No de las multitudes, sino de la frenética agitación,

nos llevó al Instituto de Arte y nos envolvió con seguridad,

nos envolvió en las encantadoras escenas de Giverny.

Con espíritus afines, nos desconectamos soñadoramente.

Monet nos llevó a navegar en Argenteuil.

Nos mostró la puesta de sol sobre el Parlamento

y nos invitó a su exuberante jardín al atardecer.

¡Merci beaucoup, Claude Monet!

Tu amplia muestra de color, estado de ánimo y tiempo

renovó nuestro ánimo decaído,

aumentó nuestro placer por el presente.

Al abandonar su hogar artístico,

una vez más, las luces centelleantes

nos envolvieron, recordándonos a Dios,

sus guardianes nos rodean.

La exposición de Monet, la Sinfónica de Chicago,

el pavo con familiares y amigos,

Second City, té en el Drake,

C'est dommage, el final está aquí.

Disfrutamos de la amistad y el amor,

Givena, un collage de pinturas, música, siemprevivas.

Esta cornucopia proporcionó poemas,

fantasías, sueños y recuerdos.

UNA LLAMA DE ORO

El fuego ardía

con destellos dorados,

encendiendo el amor que ella sentía en su interior.

Las puertas corredizas de vidrio

reflejaban las llamas doradas.

Afuera, un manto de nieve resplandeciente

creaba una imagen

que solo Dios podía pintar.

Acurrucada en su cama,

ella observaba el fuego,

la suave nieve que caía.

A su lado, acurrucado, Jack,

su gato amarillo, dormido.

MI GATO DURMIENDO

La música baila en el aire,

el sol ilumina los colores del otoño.

En la terraza, los poetas infunden

la belleza del momento, del día.

Mi gato amarillo y perezoso

se acurruca en la silla a mi lado.

Un día agradable, un día colorido,

me siento envuelta en confianza.

Brillantes copas verdes

cubren los árboles de corteza negra,

proyectan sombras

sobre la hierba iluminada por el sol.

Una solitaria mesa de pícnic

esperando a cuatro comensales,

a la sombra de un impresionante árbol de catalpa,

pide formar parte de la historia.

Los poetas observan,

miran, escuchan.

Con rima, ritmo,

escriben la escena.

Jack duerme,

suave y acurrucado,

ajeno,

encima de la pluma del poeta.

ESTO y LO OTRO

Vino y comida

¡Mucho vino!

Él la miró,

¡pero no del todo así!

Él la miró,

¡Y solo vio eso y eso!

Ella quería conocerlo,

pero aún no, así.

Todo lo que él pensaba

era aquello y lo otro.

Mmm... un problema

El silencio, su única opción,

pero su silencio

solo reforzó sus pensamientos

de eso y lo otro.

¿El vino y eso?

¿O

¿Vino, no eso?

¿Quién ganará?

¿Él o el capricho?

¿Esto o aquello?

POEMAS DE UN ÁNGEL

En un santuario de helechos y siemprevivas,

protegida por centinelas sombríos,

La luz del sol se cuela entre las hojas

iluminando el banco de un poeta.

En soledad, un espíritu se sienta,

imprimiéndose la belleza,

de todos los dones de Dios.

Mágicamente, ella escribe.

Para todos nosotros, los terrícolas,

ella compone una rima.

Con sabiduría divina,

nos regala poesía del cielo.

Al completar su obra, asciende por los árboles.

Deja atrás sus versos inspirados,

yace bajo los rayos del sol,

sin ser molestados en el banco del poeta.

Esa noche, cuando su marido regresa,

acepta con gran fe

los poemas, un regalo celestial

del espíritu de su esposa.

COMIENZOS

Una escuela de poesía

brotan promesas y posibilidades.

Nuevos amigos despiertan

potencialidades dormidas.

Hoy se esperan

nuevas conexiones,

sostener una semilla

para un crecimiento de largo alcance.

Un día soleado, colores otoñales

oro, óxido y verde.

Las hojas bailan, los aviones planean

en un cielo azul sin nubes.

Nuestros viajes comienzan,

nuestros caminos se cruzan.

Los días dorados recuerdan

los comienzos.

VOLANDO

Hoy volé;

¡ha sido muy divertido!

Llevaba mucho tiempo

durante tanto tiempo.

Me sentí

en el cielo.

Aquí estaba yo en el cielo

¡volando tan alto!

Mirando hacia abajo, me vi a mí mismo,

estaba bien.

Al regresar, me acosté

en mi cama, dormido.

Sabiendo que mis sueños

me llevarían

de nuevo al cielo

para jugar y sentirme tan libre.

TERNURA Y MISERICORDIA

Los poetas prometedores

me dan la bienvenida.

Los días de octubre se iluminan

en hojas otoñales de color rojo dorado.

Para promover y confiar,

comenzamos un camino de armonía.

Revelando miedos, esperanzas, sueños

con nuestras plumas,

nuestra poesía comienza a cantar.

Como letras de canciones,

buscamos el acuerdo

hasta que tocamos una melodía.

A través de nuestras experiencias,

damos un toque simbólico.

Cada uno aporta una nota

emocionamos una sinfonía.

Una oleada de sentimientos

crea camaradería en la poesía.

LIMBO

Oh, estrella gentil,

sobre cuyo resplandor descanso mi cabeza,

mi cansada voluntad a ti someto.

Mis deseos conocidos por ti

para concederlos a su debido tiempo,

Que nadie caiga en desgracia,

es todo lo que pido.

Pero tal eternidad,

cuando el limbo parece ser el lugar en el que estoy.

Oh, estrella gentil.

ESPÍRITU DE AMOR

Mi corazón canta

mientras contemplo la naturaleza

a mi alrededor.

La brisa envía

una dulce caricia

que me dice que me están observando.

Los vientos frescos me recuerdan,

me alivian

del calor del sol.

La puesta de sol es roja

con la pasión

de aquellos de nosotros que la contemplamos.

Las estrellas nocturnas

nos encantan para hacer el amor,

brillando con tu abrazo.

Con amor escribo poesía

observando el cielo lleno de estrellas,

apasionado por el amor y el romance.

www.ingramcontent.com/pod-product-compliance
Lightning Source LLC
Chambersburg PA
CBHW020357130626
46549CB00006B/2314

* 9 7 9 8 8 9 3 9 1 7 1 8 5 *